Clar nan Dan

Duilleag

1	'Who are the Scots?'	1
2	Ola	2
3	Fuil	2
4	Airson Bob MacDougall	3
5	Alb'-chalg	4
6	Rabhadh	4
7	Dàn na Roinn-Eòrpa	5
8	Sgeulachd Albannach	6
9	Fóghnan na h-Alba	7
10	Armann	8
11	Earrach '74	8
12	Ceud bliadhna sa sgoil	9
13	Rìomhadh	10
14	An iolaire	11
15	An crann	15
16	Cothrom analach	19
17	An cuilean	20
18	An t-eadar-sholus	21
19	Diadhaire mór	21
20	Creag is boglach	22
21	Taghadh	22
22	Coimhthional Hiort	23
23	Leódhas as t-samhradh	24
24	A' dol a-null air a' Bhràighe	24
25	Air an aiseag gu Leódhas	25
26	Clach-tharraing	25
27	An dàrna eilean	26
28	An turas	27
29	Garaidh	33
30	Eachann MacIomhair	33
31	Air cladach Phabail, 1940	34
32	Sìtheanan beaga buidhe	35
33	Cuileann is tinsel is soluis	35

34	Gaoir a' chiùil	.. ..	36
35	Ann a Salzburg	.. ..	36
36	Oran brathann	.. ..	37
37	Dà ìre	.. ..	38
38	Thàine tu thugam ògail	.. .. ..	38
39	Mo Mhàthair	.. ..	39
40	Blas na fala	.. ..	39
41	Gaol is gràdh	.. ..	40
42	An tobar	.. ..	41

Saorsa

agus

an Iolaire

dain le

RUARAIDH MACTHOMAIS

including English versions of twenty poems

GAIRM . Glaschu . 1977

Air fhoillseachadh an 1977 le
GAIRM, 29 Sràid Bhatairliù, Glaschu, G2

Clo-bhuailte le
Raibeart MacIlleThómais 's a Chuideachd
Glaschu

SBN 901771 60 0

Thug an Comunn Leabhraichean Gàidhlig cuideachadh do'n luchd
foillseachaidh gus an leabhar seo a chur an clò.

ENGLISH VERSIONS

(The numbers in brackets refer to the Gaelic poems above)

1	'Who are the Scots?' (No. 1)	47
2	Oil (No. 2)	47
3	Blood (No. 3)	48
4	A Scottish story (No. 8)	48
5	Thistle of Scotland (No. 9)	49
6	Warrior (No. 10)	50
7	Spring '74 (No. 11)	50
8	The eagle (No. 14)	51
9	The plough/cross/mast/lot/harp-key/ Saltire etc. (No. 15)	54
10	St. Kildan congregation (No. 22)	58
11	Lewis in summer (No. 23)	59
12	Crossing the Bràighe (No. 24)	59
13	On the ferry to Lewis (No. 25)	60
14	The second island (No. 27)	60
15	The journey (No. 28)	61
16	At Garry (No. 29)	66
17	In Salzburg (No. 35)	67
18	Quern-song (No. 36)	67
19	My Mother (No. 39)	68
20	A taste of blood (No. 40)	69

COMAIN

Bha pàirt dhe na dàin seo an clò mar thà anns na leabhraichean 's na ràitheachain a leanas: *Gairm, Lines Review, Scottish International, Planet, Stand, Crann, Scottish Review, Scottish Poetry, Poetry Australia, Modern Scottish Poetry.* Chaidh pàirt dhiubh cuideachd a leughadh (an Gàidhlig 's am Beurla) air réidio a' Bh.B.C.

'Who are the Scots?'

Thainig fuachd an Earraich
anns na cnàmhan aosda againn,
deàrrsadh anns na cnuibheanan,
beagan de chrith anns na crògan,
's gun fhios carson
thòisich sinn a' bruidhinn air ar n-òige,
air an t-sealg a rinn sinn air an Fhoghar ud,
air a ruidhle dhanns sinn fo ghealach abachaidh an eòrna,
air an aodach mheileabhaid
's air a' ghréim làidir
roimh'n a' ghréim seo thàinig
a bhreith air sgamhan oirnn.

A' tionndadh nan grìogagan
air an t-seann mheileabhaid
le na làmhan critheanach,
an crù air lapadh
's ar n-uaill anns a' chruan.

Ola

Nuair a bha mi beag
bhiodh bodach a' tighinn a bhùth mo sheanar
gach là laghail, a dh'iarraidh botal ola:
fear dhe na h-òighean glice 's dòcha –
cha deidhinn an urras nach e òigh a bh'ann co-dhiù –
a bha cumail sùgh ris an t-siobhaig;
bodach ait, a ghàire faisg air,
ach beagan de dh'eagal air roimh'n an dorch.

Tha iad ag ràdh an diugh gu bheil an saoghal-bràth de dh'ol' againn
anns an dùthaich bheag seo –
bhig seo, bhog seo? –
gu bheil sinn air bhog ann a léig ola.
Tha mi 'n dòchas gu ruig an t-siobhag oirre.

Fuil

A' coiseachd anns a' chiaradh seo
air na stràidean breaca,
seachad fiar air na tighean leth-fhalamh
far a bheil daoine a' coimhead TV,
a' leantainn an t-soluis troimh na h-uinneagan cumhang,
a' coiseachd troimh na sgàilean,
troimh'n a stoirm a tha bualadh
air aeriailean nan tighean,
troimh'n a' bhriseadh-dùil
agus na geallaidhean briste
air na cagailtean sgailcte,
chunnaic mi fuil air a' bhalla.

Ach bha eagal orm
nach b'e fuil Chrìosd a bh'ann,
no fuil an Iùdhaich a' dìon Ierusalem,
no fuil na h-asaid 's làn na beatha ùir ann.

Airson Bob MacDougall

Chunnaic mi duine a' coiseachd an rathaid
's a' bualadh nan dorsan,
chunnaic mi duine le buill' air a chridhe
a' bualadh nan inntinn.

Chunnaic mi bean agus taois air a làmhan,
's i tairgsinn na taois ud
mar phlàsd air a' chridhe san cualas a' bhuille
bha goirt air an inntinn.

Chunnaic mi 'ghoirt is i coiseachd na stràide
's a' diùltadh na taoise,
uaill agus aoibhneas a' spreigeadh nan casan
air cabhsair a' bhualaidh.

Chunnaic mi thu agus gràdh 'na do shùilean,
do làmhan is gréim ac'
air iuchraichean troma a dh'fhosgladh ma dheireadh
dorus na rìoghachd.

Alb'-chalg

Doirb
a' siubhal fo 'm chraiceann –
tha an leabaidh teth le aislingean
's am balla air chrith.
Gath
bho'n taobh a-stigh,
ceòl coirbte
is teine dearg.
Lorg
spòig air sgòrnan,
fuil-chath tais
's an t-sùil sgìth.
Fèath
air a' mhuir dhubh,
calg-eòrna air uachdar creuchd
's an oidhche a-rithist.

Alb'-chalg a bh'ann –
cha dean Galla-phlàsd feum dha.

Rabhadh

A' feitheamh aig aon uair deug
le làmhan geala,
a' feitheamh asaid
le làmhan geala geala,
le geimhlean gaoil
ag iarraidh a bhi a' gearradh,
's an t-aon uair deug, an t-aon uair deug
a' diogadh.

Làmh dhearg, làmh dhearg,
sluagh-ghairm a' tighinn am faigse,
am pian, am pian,
am bùrn a' dol a bhristeadh,
an tuagh, an tuagh,
an tuath a' dol a dhùsgadh,
an dùthaich beò
's an t-sròl air luchd an dùsail.

An t-aon uair deug a' diogadh fo'n an ùrlar,
is gliong an òir, is buidhre sainnt ga mùchadh.

Dàn na Roinn-Eòrpa

Tha an t-sràid glas,
dara là na bliadhna th'ann,
an dé "chaidh sinn a-steach" dha'n Roinn-Eòrpa
air cùl Heath 's e cluich air an òrgan,
air a' mhouth-òrgan;
ach an diugh
feumaidh smuaintean eile bhi againn.
Latha glas ann an Glaschu
faisg air toiseach na bliadhna,
beagan nas fhaisg air an t-sìorruidheachd,
ach feumaidh smuaintean eile bhi againn.
Latha gu òl is latha gu padhadh,
's an ceòl air fàs goirt,
is là a' coimhead nam beanntan
o'n tig ar neart,
beanntan nan Alpaichean gu ar dìon
bho threubhan borba na h-Eadailt,
is gu na h-Eadailtich a dhìon
bho threubhan borba Shasuinn,

ach feumaidh smuaintean eile bhi againn.
Cha bhi fear gun dà chràdh
ach fear gun ghràdh idir:
gràdh dhaoine is gràdh dùthcha,
agus fóghnaidh an smuain sin
air latha glas
ann an Glaschu.

Sgeulachd Albannach

Bha 'm poca-salainn sgìth,
fad a latha fiachainn ri seasamh dìreach
gun smıor caillich ann;
is fad an là an dé
ga reic fhéin 'na shiùcar
's cha cheannaicheadh duin' e;
's a' bhòn-de
a' leigeil air gur h-e min-eòrna bh'ann,
's nan cuirist am bogadh e
gu sàbhaileadh e dhùthaich
le na choisneadh e de dhiùtaidh;
an là roimh'n a sin
chaidh e 'na phoiliosman
aig Tigh nan Cumantan
is b'iomadh bumaileir
a chunnaic e ga dhalladh –
b'e sin a chuir 'na shealladh
fiachainn 'na mhin-eòrna;
am màireach dh'fhiachadh e dha'n Arm
is cheannsaicheadh e Eirinn
's a' Chuimrigh nam b'fheudar
mar a rinn Cailean Mitchell ann an Aden;
ach mar a biodh sin math gu leòr,

an earar, nam biodh e air a chùmhnadh,
dheigheadh e air a ghlùinean,
a dh'imlich nam brògan a bha ga mhùchadh;
agus thigeadh an uair sin an seachdamh là,
là a' phoca-shalainn.

Fóghnan na h-Alba

Tha am fóghnan a' fàs ann a leas,
ùir dhubh mun cuairt air,
air a dheagh ghabhail uime,
an ùir air a glanadh,
ri thaobh, feur na faiche
air a bhearradh gu cuimir;
's e fhéin 'na sheasamh ann a sin
'na aodach-Sàbaid, cho grinn,
speiseanta, dìreach,
gun lùbadh a null no nall,
gun dragh ga chur air flùraichean eile,
na frioghanan beaga cho modhail,
mar gum b'e 'n H.L.I. air parade.
Cha robh dùil 'am ri boladh làidir
bho fhlùr fóghnain, ach chaidh mi null
a dh'fhaighneachd, mar gum b'ann,
is chrom mi mo cheann,
is bhuail 'na mo chuinnlean
fàileadh *Old Spice*.

Ach tha mi mionnaichte
gu bheil fóghnanan fhathast a' fàs
a-measg chreagan,
is fàileadh na gaoithe dhiubh.
Tha mi dol air an tòir.

Armann

Fear de dh'armainn Mhuile is dòcha
ann a linn eile,
Iain Mac 'IllEathain;
ach thilg eachdraidh do dhaoine
a chath ás ùr thu;
iolach a' Ghaidheil
a' tighinn á cliabh na Galldachd;
nam biodh seasmhachd ás a lasair
sgrìobhte "Saorsa" air nèamh Alba fhathast.

Earrach '74

Tha crathadh de dh'aol anns an Earrach seo
air an talamh dhonn,
com na dùthcha sgìth
le mùchadh sneachda,
"caistealan liath' air a stormadh le iarann",
ach crathadh aoil a-nis.
Ged tha toinneamh anns an fheur,
marbh-bhrat na bliadhna 'n uiridh,
tha 'm beò anns an ùir,
beò-aol bheir fhathast crathadh oirnn.

Ceud bliadhna sa sgoil

Ceud bliadhna sa sgoil
is sinn nar Gaidheil fhathast!
Có shaoileadh gum biodh an fhreumh cho righinn?
Dhòirt iad eallach leabhraichean oirnn,
is cànanan, eachdraidh choimheach,
is saidheans, is chuir iad maidse riutha.
O abair lasair
de mhinistearan 's de mhaighstirean-sgoile,
de dhoctairean 's de dh'einnsinidhears,
profeasairean is luchd-reic-chàraichean,
ach aig ceann nan ceud bliadhna,
an déidh gach greadain 's gach dadhaidh,
nuair a sguab iad an luath air falbh,
bha a fhreumh ann a sin fhathast,
fann-bhuidhe an toiseach.
Is minig a chunna sinn craobh a chaidh a losgadh –
A! 'sann le fun tha mi,
na biodh eagal oirbh a luchd-stiùiridh an fhoghluim,
a chomhairlichean na siorrachd, is a' Bheurla cho math agaibh –
a' fàs –
sud sibh, sguabaibh a' chlann a Steòrnabhagh –
nas braise.

Rìomhadh

Ibhri?
Seall mar a tha an tigh seo againn air a sgeadachadh
le annasan cian an t-sealgair,
le cuimhneachain;
tha rùm air an sgeilp, air an dreasair,
son copanan, clàir pràis, is deilbh,
na ballachan air a rìomhadh le asbhuain Millais is tursachan Chalanais.
Deanamaid rìomhadh na h-inntinn coltach:
chan e mhàin bloigh fiosrachaidh mu Phlato,
Dante, Freud, Shakespeare,
cuimhneachan air Einstein,
modh do Voltaire,
ach mar an ceudna
Alasdair MacColla 's Mac Mhaighstir Alasdair,
Iain Lom is Iain Phàdraig,
agus, gu faobhar a chumail rithe,
Dòmhnall Munro,
gu fiacal an tuirc fhaireachadh nar socair,
Ivory.

An iolaire

1

Cha b'e idir gu robh spuirean ort
a dh'fhàg an làrach air m'aodann
ach gun do thog thu suas mi
thar beanntan mo dhomhain
a-measg nan diathan
agus gum faca mi na cnàmhan.
Aodann lom leacach
le sgròbadh sìorruidh air,
aon shùil coibhneil 's an t'éile feargach.

2

Na Ròmanaich an Albainn

Fada fodhad anns a' ghleann
a' fiaradh, a' feòrachd,
fada bho bheuc an leómhainn,
bho'n dusd 's an teas,
a' ghrian ag abachadh nam f ìon-dhearc,
bho'n amar le na leacan gorma dealbh-chaoin
fionnar fo'n chois,
fada bho an diathan fhéin.

Iolair' is dealbh na h-iolaire.

3

Sùil gun fhiaradh gun phriobadh,
lom, fuar mar a' chlach,
sùil mullach an t-saoghail
a' sealltainn air fànas,
is gob crom man dubhan
a' dol a sàs ann a feòil,
fuil a' chridhe a' cuairteachadh anns an leth ìochdrach
ach na spuirean 's na sgiathan
fo bhuaidh clach na sùla.

4

Sùil lom leacach
aig bil an nid,
sùil creachainn
sùil sgàrnaich
sùil ruathar gu beul àraich.

5

Placadaich
nan sgiathan móra
os cionn a' chobhartaich
air an altair chloiche,
fuil na h-ìobairt
a' deanamh màrmor de'n ghneiss:
sagart, ministear gun dia aige.

6

"Is math beagan de'n iolaire unnainn
ged is fheàrr cuid an uain,
is math smachd
ged tha e math dh'an anam bhi strìochdadh,
is math a dhol air sgéith
ged tha e socair bhi ann an crò" –
'se sin co-dhiù a thuirt an iolair-shagart
's e leughadh na fìrinn ás an leabhar chloiche.

7

"A chionns gur mise 'n t-uachdaran ùr agaibh
's gun d'fhuair mi sgoil air a' bheinn ud
bheir sibh modh dhomh nuair a their mi ruibh
gur h-ann leamsa tha gach nì
fo'n spiris is os a chionn
's air gach taobh de bhallachan na h-iodhlainn,
agus cuimhnichibh gu bheil leacan sleamhainn
aig an tigh agam fhìn,
nuair a thig sibh a shealltainn",
thuirt an àrd-iolaire ri na cearcan.

"Nuair a thig an ola
cha bhi càil ach biadh nan canastairean,
leigidh iad seachad togail nan uan,
fàsaidh daoine bog,
cha bhi a dhìth orra ach socair,
is òl is boireannaich.
'Sann ìosal a bhios an t-aobhar
ann an Tìr an t-Soisgeil",
thuirt iolair-mhinistear an Nid Bhig.

Agus arsa iolair-mhinistear an Nid Mhóir,
"Na caraich,
ás deidh na siùrsachd sin thig dùsgadh".

Nuair a chuir iad an iolaire dh'an a' Phàrlamaid
thòisich na tonnagan a' gàireachdainn,
oir cha robh còmhradh aige dha seòrsa-san
a bha tighinn beò a-mhàin air bhòtaichean
a dh'fhàg na seanairean aig na h-oghaichean,
's bha iad an làn bheachd nach cothaicheadh
e, am balgaire cama-ghobach nach snàmhadh
's nach tigeadh beò am blàth-thaisealachd a làthaich,
agus mar sin a latha-seo thuirt an Ard-thonnag
's i crathadh a h-earbaill le 'tòin mar gum b'e dronnag,
"A chreachadair chrò is a chrù-chròicich shalaich
a thogadh ar lòn 'na do ghob gu bàrr bealaich,
an deidh dhuinn do bheanntan a chumail saor bho ghunna
ag iarraidh do bheanntan bhi saor bho smachd thunnag".
'S cha duirt an iolaire càil ach "Thog thu ceàrr mi;
Cha do dh'iarr mi aon uair ort carachadh ás a làthaich".

10

"Ma bhios sibh ciallach
leanaidh sibh oirbh a' sitrich
mar a bha sibh a' deanamh bho thùs,
ged a thà sibh a' fàs ainneamh.
Cha fhreagair comhartaich chon cho math oirbh",
thuirt an iolaire ri na h-eich a bha a' criomadh an fheòir ann am
       pàirc an TV.

11

"Mus do leagadh bunaitean na . . .
mus do leagadh . . ."
thòisich an iolaire ri searmonachadh,
ach thàinig teagamh
anns na sùilean seacte
nuair a laigh a sùil air na leacan.

12

Nuair tha an nead falamh,
nuair a tha na leacan breac,
na h-itean 'nan sitig,
nuair thig fuachd air na sùilean fuara,
nuair a chailleas na spuirean carach an gréim,
nuair a dh'fhàsas na sgiathan brìoghmhor fiata,
nuair a dhùineas beul bog na h-oidhche a gob
's a chanas an iolair-shagart a phaidir,
thig an neart bha san fhàisneachd
air iolair' an fhàsaich.

An crann

1

Crann ann an ùir mo dhùthcha
cruaidh anns an asbhuain
soc anns a' ghlasach
gorm-thonn a' dol 'na chop dubh
air a' chladach ùr seo,
crann ùr.

Feumaidh e a dhol domhainn,
fo'n a' chopaig,
troimh'n a luachair,
an gorm 's an geal 's an dubh
air am filleadh 's air an toinneamh
anns an tochailt,
anns a' bhogha,
anns an sgrìob dhearg.

Feumaidh na gàirdeanan bhi righinn.

2

Tha fonn aig a' chrann.
iomadh fonn aig crann mo dhùthcha,
fonn iomadh-fhillte air a clàr
mus deach a creachadh.
Feumaidh na meuran a bhi làidir,
is gràdhach,
tha sgreab dhubh air clàr mo dhùthcha.

Tha at fo thuinn air mo dhùthaich;
cha dean sgiùrsadh,
cha dean plàsd,
cha dean a lannsa m'annsachd slàn
gu'm bi a leabaidh-shiùbhla làn.

3

Fo na bunan seacte
fo'n a' bhalla loit
fo'n an tigh air grodadh
fo na fhreumhan toinnte
fo'n an inntinn fhiar
fo'n a' chridhe ragte
stob a-steach an crann.

4

Sgrìob troimh fhraoch 's troimh luachair,
sgrìob air gualainn donn na beinne,
tha iomadh lot air slios mo dhùthaich
nach fhalaich a chaoidh an crann-giuthais,
's cha dean fiaradh feachda fidhchill
falach-fead nuair thig a' mhadainn.

Tha sgreaban dubh air clàr nam bailtean
nach dean tarbh-chrann stùrach réidh,
lot nach leigheis craiceann tearra;
gun an fhuil bhi air a glanadh
thig an niosgaid leatha fhéin.

Gheibh sinn pronnastan an earraich
's nì sinn falaisgear dhuinn fhìn,
air na cnuic is air na stràidean,
ann an Glaschu 's ann an Eige,
's thig am feur an àird a-rìs.

5

An déidh a' chruinn an cliathadh
an déidh a' chliathaidh a' bheatha ùr
an ùir bhrisg a' leaghadh
's a' dol 'na cnap nuadh
fo'n a' ghréin,
a' tòcadh,
ag at fo shruth cuisle.

Tha cuimhn' agam ort,
ròp ma do ghuaillean a' cliathadh,
's na h-eich gann,
is daor.
Bu mhath a là a bheireadh e fhéin ás.

'S bu sheachd mhath a' bhliadhna bheireadh i fhéin ás
bho shìol gu adag,
ach an diugh,
an déidh aisling Rìgh na h-Eipheit
feumaidh ar sùil bhi air a' choirc ag òradh
fada bhuainn,
is spealan eile ga bhuain.

6

" 'Se farmad a ni treabhadh" –
feumaidh gun do dh'fhalbh e
ás a sgìre againn,
tha h-uile lota bàn am bliadhna.

7

Cha dean farmad,
cha dean eud,
cha dean càineadh an talamh réidh.
Cha dean 'mi fhìn',
cha dean 'mo threubh',
cha dean 'mo chlas' ach plàsd is céir.
Cha chan sagart,
cha chan cléir,
cha chan eaglais dhuinn a' chreud.
Cha chuir eathair,
cha chuir beairt,
cha chuir ola 'n dùthaich ceart,
gus an tig fear-saoraidh ùr –
Sir Crannchur MacGille Mhùin?

8

Nuair a theid an Crann an àird
bidh Seoc an Aonaidh air a mhàs,
nuair a bheir tuath-ghaoth dha crathadh
bidh Seoc bochd ás aonais plathaidh,
bidh rudhadh ann an gruaidhean Seoc
nuair mhaoidheas an Crann air a shoc,
nuair chì sinn a' chrois air a' chrann
nì sinn ri ar dùthaich bann.

9

Ar crann fhìn air ar slinnean,
taic an fhiodha ri ar druim,
chan eil dà dhòigh ann
ma tha dòigh idir ann.
Chan eil air ach an cnoc a dhìreadh
a dh'ionnsaigh na sìthe,
chan eil air ach am fìon
geur 's ga bheil e
òl,
cha dean Peadar
cha dean Pòl
sinne a dhìon,
no ar beatha a chur ann a suim
mura bi ar druim
's ar slinnean ris a' chrann.

Cothrom analach

bho rosg-bhàrdachd le Alexander Solzhenitsyn

Fras anns an oidhche
neòil dhubha dol trasd an speur
agus uair, ciùthranaich uisge.

Craobh-ubhal fo bhlàth 's mi tarraing m'anail fòidhpe.
A' chraobh 's am feur fo lìth na taiseachd;
chan eil cainnt air a' bholtrach seo.
A' tarraing a-steach m' anail uile
tha a' chùbhraidheachd uile air m' fheadh;
tha mo shùilean dùinte,
tha mo shùilean fosgailte –
chan aithne dhomh cia aca 's fheàrr leam.

'Se seo, saoilidh mi, an t-saorsa bheannaichte
tha 'm prìosan a' goid bhuainn:
saorsa gus anail a tharraing mar seo.
Chan eil biadh air thalamh, chan eil fìon ann,
chan eil pòg mnatha cho cùbhraidh
ris an àile seo trom le àileadh fhlùr,
le taiseachd ùr.

Ged a *thà* an gàrradh beag,
tighean chóig-lobhtaichean ceithir-thimcheall orm
mar gum b'e céidse ann a zoo.
Dh'fhalbh bragadaich nam motor-bike,
caoineadh nan réidio, borbhan nam mór-ghuthach.
Fhads a tha àile ghlan ri tharraing
fo chraoibh-ubhal, 's an fhras seachad,
faodaidh sinn a bhi beò greiseag eile.

An cuilean

bho rosg-bhàrdachd le Alexander Solzhenitsyn

Air a' chlobhs againn
tha balach
aig a bheil abhag
air lomhainn,
car-a-mhuiltein cuilein
ach fo ghlais
bho bha e 'na ghlas-ghiullan.

An là bha seo
thug mi cnàmhan circe dha
's iad fhathast blàth is sùghmhor.
Bha am balach
an deidh a leigeil ma sgaoil,
anns a' ghàrradh.
Sneachda domhainn mìn ann;
bha an cuilean
'na leum man geàrr,
air a chasan deiridh,
air a chasan toisich,
am meadhon a' ghàrraidh,
anns an oisean,
'na bhreislich,
le shròin fodha anns an t-sneachda.

Thàinig e 'na ruith,
le chalg robach,
a' leum thugam,
a' snotraich nan cnàmhan –
's a-mach á seo,
suas gu bhroinn anns an t-sneachda.

"Coma leam na seann chnàmhan sin", arsa esan,
" 'Se saorsa tha dhìth ormsa".

An t-eadar-sholus

San eadar-sholus bha an dùthaich beò
le spréidh gan iomain,
eunlaith air an nid
is eich ri sitrich,
leannanan ri leannanachd san dorch.
Bha laochraidh ri mór-choiseachd air an fhonn:
Am Britheamh, Dòmhnall Càm is Niall MacLeòid,
is Dòmhnall Mac Iain 'ic Sheumais air an fhraoch,
na daoine móra is an saoghal 'nan glaic.
Fuaimean cho faisg,
an t-saighead gearradh-feòir bho'n chluais,
an ceàrdabhan le bhrag,
'n dòrd-Fiann air chùl an tulaich –
Cha b'e bh'ann ach sax
bha fear á Sgiogarstaidh a' cluich sa' bhothan,
an dùil ri sitrich cogais chur fo rùm, –
fo ruma?
O Thì Mhóir, cùm ruinn an t-eadar-sholus!

Diadhaire mór

Diadhaire mór is ceann rabaid air –
chan ann a' fanaid tha mi –
ceann rabaid ach nach robh na cluasan cho fada,
ach bha iad cho fada 's gun deanadh iad farchluais
air dé bha dol anns na h-ionadan àrda
os cionn na talmhainn, far a bheil solus a latha a' briseadh,
's a' boillsgeadh.
Duine chaidh a thogail fos cionn na talmhainn,
a thainig air ais dha'n an t-saobhaidh
a dh'innse dha cho-dhaoine

iad a sgur a sporghail 's a chladhach,
's an sùil a chumail air an t-solus.
Cha robh a chomhairle gu móran feum;
nuair a thainig iad a-mach ás an t-saobhaidh,
hù-bhi, hà-bhi,
bha iad air an dalladh – leis an t-solus –
agus thug iad an tigh-chaoich orr',
hicheam, haicheam,
agus chanadh iad, fo na mùgan,
hùgan, higean,
"O 'se rud brèagh a tha san t-solus".

Creag is boglach

'N dùil an tainig crith anns a' chreig sin
nuair a cheusadh Crìosd,
crith ann an gneiss?
No an e dìreach rùcail
ann am mionach boglaich
a tha sinn a' cluinntinn?

Taghadh

O thusa th'air do thaghadh,
solus ma do cheann anns an t-saoghal dhorch seo,
ga do chumail gun tuisleadh air clachan,
gun tuiteam, gun tuiteam ann an clàbar,
do chainnt gun toibheum, do chòmhradh gun sgannal,

thusa nad aodach gheal gun truailleadh
a fhuair an gealladh a b'fheàrr na'n gealladh-pòsaidh,
cuimhnich cuideachd
gu bheil aoibhneas anns an dorcha,
gaol is gràdh anns an tuiteam,
irisleachd ann a riasladh nan clachan,
f ìrinn fo chlàbar an truaillidh,
gach nì a' tighinn beò le comas
far a bheil an cridhe fosgailte,
far nach eil solus na h-inntinn air reodhadh.

Coimhthional Hiort

Tha na fulmairean air Stac an Armainn
beò ann an carthannas,
na h-uighean a' leantainn ris a' chreig,
dannsairean air an corra-biod,
's an t-sìorruidheachd ag at
aig bun nan stalla.

Tha 'n t-sùlaire air Sòdhaigh
a' cionacraich amhaich a' ghuga,
a sùil dìreach air fànas,
a gob a' teagasg nan cosamhlachdan,
gach tè air a nead fhéin.

'S tha na fachaich air oir a' phalla
'nan léintean geala,
le'n guib dhathach;
mas breug bhuam e 's breug
thugam e: 'sann dh'an Eaglais Easbuigich tha 'n treubh.

23

Leódhas as t-samhradh

An iarmailt cho soilleir tana
mar gum biodh am brat-sgàile air a reubadh
's an Cruthaidhear 'na shuidhe am fianais a shluaigh
aig a' bhuntàt 's a sgadan,
gun duine ris an dean E altachadh.
'S iongantach gu bheil iarmailt air an t-saoghal
tha cur cho beag a bhacadh air daoine
sealltainn a-steach dhan an t-Sìorruidheachd;
chan eil feum air feallsanachd
far an dean thu chùis le do phrosbaig.

A' dol a-null air a' Bhràighe

A' dol a-null air a' Bhràighe chaill mi ghealach;
cha do leig mi guth orm,
bha i aig cuideigin,
fear ann am Belfast, is dòcha,
bha na b'fheumaich oirre na mise;
ach tha sinn feumach air solus an seo cuideachd,
son mòine thoirt dhachaidh,
's an rathad a dheanamh soilleir
do dhuine leis an daoraich,
agus ... is dòcha ...
son fear a dheanamh a-mach
air a rathad gu Emaus,
no Damascus,
no Garrabost.

Air an aiseig gu Leódhas

A' leth-aithneachadh gach duine air a chuideachd,
aithne gun chuimhne,
is cuimhne gun aithne.
Tuigse a' tulgadh.
Tha am muir seo glas–
neulach, chan eil beatha
a' snàgadh tuilleadh bho na cladaichean,
tha am protoplasma
gun chumadh.

Clach-tharraing

A' dol seachad ort aig an astar seo,
an donn 's an uaine dol a-measg a chéile,
na lochan a' dol 'nan cuitheachan sneachda,
mas e lochan a bh'ann,
's na beanntan 'nam pruganan air blàr,
chan eil mi cinnteach buileach
an e mo ghrian
no an e mo ghealach a th'unnad,
no mo reul-iùil air dol ás a rian.

Gus a faigh mi còmhradh ort
air a' chéin-chagair –
cagair chéineach –
thusa cur charan air mo shaoghal-sa,
is mise cur charan ortsa,
car ma seach,
abhcaid agus an tòrradh seachad.

Guth ás an ùir ag ràdh "Till
na suailichean a tha gus do mhùchadh",
mo ghealach, is fhad on dhealaich sinn,
grian, no grian-aigeil, uaireigin,
clach-tharraing tha ga mo shadail gu fànas.

An dàrna eilean

Nuair a ràinig sinn an t-eilean
bha feasgar ann
's bha sinn aig fois,
a' ghrian a' dol a laighe
fo chuibhrig cuain
's am bruadar a' tòiseachadh ás ùr.

Ach anns a' mhadainn
shad sinn dhinn a' chuibhrig
's anns an t-solus gheal sin
chunnaic sinn loch anns an eilean
is eilean anns an loch,
is chunnaic sinn
gun do theich am bruadar pìos eile bhuainn.

Tha an staran cugallach
chon an dàrna eilein,
tha a' chlach air uideil
tha a' dìon nan dearcag,
tha chraobh chaorainn a' crìonadh,
fàileadh na h-iadhshlait a' faileachdainn oirnn a-nis.

An turas

1

Ann an dorus a' *Chaley*
thachair E rium
's dh'fhaighnich E dhiom
a robh mi ag iarraidh slàinte.
Bhà, iomadach slàinte.

Agus ann an dorus a' *Chrown*
chuala mi'n Nàmhaid aig mo ghualainn
ag ràdh "Seachainn seo",
ach cha do dh'éisd mi ris an Nàmhaid.

Ann an dorus a' *Star*
chunna mi sealladh de Bhetlehem
's dhùin mi mo shùilean.

Ann an dorus a' *Charlton*
cha d'rinn mi àicheadh air mo ghràdh dhut

Ann an dorus a' *Chlub*.

2

An oidhch' ud ann an Ibrox,
an solus a' ciar-bhuidheadh air a staidhre,
an aol gun tiormachadh,
's na tighean-seinns' air sgaoileadh,
chuimhnich mi air te dha m'fheadhainn
ann a Singapore
nach bu bhuidhe dhomh.

3

Dearg, dearg tha fuil mo bheatha,
sin an fhuil anns a bheil slàint,
nuair a laigheas làn a' bhotuil
air mo sgòrnan anns a' mhadainn
tha e mar gun d'fhuair mi gràs,
dearg, dearg tha fuil a' bhotuil
air mo chuisle, fuil mo ghràidh.

Fuil a' chruinn, fuil a' chruinn,
fuil a sgamhain air a' chrann,
dubh, dubh tha fuil a sgamhain,
dubh a' mhadainn air a' bheinn.
Dearg, dearg, dearg, dearg,
dearg air mo chridhe clis,
Thusa rinn f ìon dhe'n an uisge
dean uisge de'n fhìon a-nis.

4
A' chnuimh a tha ag ithe na feòla
a' bòcadh, 's a' chnuimh
a tha a sàs ann an cridhe an ubhail,
an cridhe tha spioladh nan cnàmh,
a' chnuimh aig bun na craoibh'
anns an t-seann ghàrradh.

5
Snagardaich gun sgur 'na mo cheann
ged tha deich bliadhn' ann bho dh'fhàg mi'n gàrradh.
Ma shreapas mi gu mullach a' *chran* sin,
air a' ghéig as àirde
ruigidh mi air an ubhal,
's nuair a thuiteas mi
falbhaidh an snagardaich seo;
bheir Dia asam e leis an aon ghlamhadh.

6
"Cha bhi mi, ghràidh, a' buntainn dha,
cha bhi mi gabhail deur dheth."

Nuair bhios mi leam fhìn
bidh mi gabhail drama;
cha bhi duine chì
mar lìonas mi 'ghlainne.
Nuair bhios mi leam fhìn
bidh mi gabhail drama.

7

Nuair thuirt thu a chaoidh, a chaoidh,
is beag a bha dh'fhios againn far a robh 'n fhoill,
is beag a bha 'bhrath againn far a robh 'n fhadal,
an gaol fo'n a' chadal 's an gràdh fo'n a' choill.

Nuair thuirt mi gu bràth,
cha b'e a' bhinn sin idir a bha 'nam inntinn,
cha do shaoil mi gur h-e 'n dàn seo a bha san dàn.

Nuair a thuirt sinn gu sìorruidh,
cha do dh'fhidir sinn an eaglais againn a' tuiteam 'na broinn
's gun Dia innt'.

8

A' tilleadh a dh'Eilean Leódhais,
mo chridhe làn leis an toileachas,
smaoinich mi air a' chiad shealladh sin
de na h-Eileanan Móra,
a' Phàirc 's a' Chàbag a' nochdadh,
is beul Loch Ratharnais,
An Rubha 's a' Ghearra Chruaidh,
ach chaill mi iad ás a' bhàr,
bha mi cho làn toileachais.

An t-seachdain ud aig an tigh
cha do dh'fhuaraich mi,
mi dha mo dhalladh bho mhoch gu dubh –
chan fhaca mi Beanntan Bharbhais an turas seo –
bha mi cho toilichte ri cù air a shitig fhéin.

Agus an là dh'fhalbh mi
bha mi leis a' chianalas;
ghabh mi te mhór as a *Royal*,
's ma fhuair mi air bòrd, chaidil mi;
cha robh fhios 'am dé chanainn
nuair a chunna mi cidhe Ullapol.

A! Thighearna,
cuin a chì mi thu rithist, a Shliabh Shioin?

Mas do dh'fhàs am pàipear cruaidh seo air na meuran agam
leughainn na sanasan beaga
air madainn earraich
agus air oirean a' chonaltraidh;
'se tha dhìth orm *braille* nas gairbhe.

Gun a bhi 'g iarraidh a' chòrr ach a' cur charan,
a' tilleadh chon an aon stans,
a' cur mo shròin air a' bhloigh sin dhe m' eachdraidh,
mar gum b'e cù a bh'annam
ag iarraidh go a sgeith fhéin.

A' dùsgadh sa' mhadainn
le cnuimh dhearg 'na mo sgòrnan
chuir mi dh'iarraidh an doctair –
bha a rud air a dhol seachad air mo sgoileireachd.

Thàinig e.
Bha aodach soilleir air is brògan canbhais,
guth cruaidh sgairteil aige,
is fo achlais bha *Orain Iain Mhic Fhearchair.*

Is thuirt mi ris, cho socair 's b'urra mi:
"Nach doir thu chnuimh sin ás a sgòrnan agam
mus dig at ann" –
thuigeadh fear-leughaidh leth-fhacal, bha mi'n dùil.

Cha duirt e càil rium ach
"Chan ann anns a sgòrnan agad a thà 'chnuimh",
agus thòisich e leughadh ás a leabhar
(... *Gur e'n ceann as treas cas dhaibh,*
Lom-làn mheall agus chnapa,
Gach aon bhall d'am bi aca
Goid an neart uath' gun fhios ...).

"Coma leat dha'n a sin," huirt mi,
" 'Sann 'na mo sgòrnan a tha i,
agus tha fios agam co ás a thàinig i,
ás an ubhal a bha gu h-àrd a staidhre . . . ,"
ach leis an fhìrinn innse cha robh cuimhn' 'am
'n e staidhre ann a Fairfields,
no ann an Ibrox, no ann a Singapore.
Aon rud bha mi cinnteach ás
cha b'ann a Leódhas a bha i,
oir cha robh staidhr' againn.

A Dhia! dé math a bhi bruidhinn ri doctair,
bu cho math dhomh cur a dh'iarraidh an t-sagairt.

12
'S mura h-eil mi air mo mhealladh
thàinig an sagart cuideachd,
is thairg e dhomh an t-abhlan coisrigte;
Eireannach a bh'ann, cha robh Gàidhlig aige;
chuala mi e ag ràdh rudeigin mu *wafer*
's thuirt mi ris – Thighearna, 'n teas a bha sin! –
"Coma leat dheth, 'se ice-cream tha dhìth orm."

13
Tha 'ghaoth ag éirigh;
nan togadh i ás a seo mi
sheòlainn tarsainn air Cluaidh,
os cionn Leódhais is Inis Tile,
air sruthan na h-iarmailt;
bhithinn toilichte gu leòr a-muigh a sin
a' cur charan air an talamh,
's a' deanamh mothar riutha 'n dràsd 's a rithist
iad a ghleidheil na Sàbaid
's a bhi cuimhneachail orms' ann a sheo.

Na ròidean a' coiseachd chun na mara,
's na cnuic a' cur charan air na tighean,
beagan de cheò an t-samhraidh ann
's an fheamainn a' plubail anns an làn,
an Cruthaidhear san tigh-choinneimh a-nochd -
an creideamh slàn.

Co ris a tha E a' cumail coinneimh?

Mus do thòisich am feur ag at
aig na h-altan,
mus dainig an niosgaid
air stoc na cuiseige,
mun do bhrùchd an aillse
air an langadar,
bha sinn le chéile san tigh-choinneimh,
's rinn sinn an t-altachadh aig a' bhòrd.

Càite bheil Bòrd an Tighearna an diugh?

Mus do dh'eubhadh an t-sìth,
mus do rinneadh sginean is forcaichean ás na claidheamhan,
mus do rinn iad bothan dhe'n destroyer,
mus dug iad an copan seo ri òl dhomh,
bha Thusa ann.

Ach a bheil Thu ann a-nis?

Garaidh

Toiseach October air Tràigh Gharaidh
cha robh dùil 'am dearg is uaine fhaicinn
anns a' chreig bheò,
no ite a' danns air a' ghainmhich:
nach math nach eil sinn gar tuigsinn fhìn.

Eachann MacIomhair

An ùir a' tuiteam ort
ann an sàmhchair na dùthcha sin,
anns an t-seann chladh;
thug sud na bliadhnachan gu chéile,
tosd is bàs is brag
na cuimhne;
is tha e iomchuidh
gun digeadh bloigh de bhàrdachd gu mo bhilean,
mìlsead ùr an fheòir is sìtheanan toiseach samhraidh
air an ùr-dhòrtadh air muin na claise sin.

Bha do shùilean ciùin
ged a bha d'inntinn ealamh
's bha do chridhe glan
ged bhiodh corruich air do bhilean
's ann a snas cainnte
dh'fhàg thu cuimhneachan air d'uaisleachd.

Agus fóghnaidh sin.
Nan robh thu beò
dheanadh tu gàireachdainn gu leòr ri linn a' mholaidh sin.

Air cladach Phabail, 1940

(airson Iain MacArtair)

Nar suidh air an sgaoilteich
le druim ri eathar
bha air a tharraing,
sàbhailt bho'n làn,
mus do sguir an t-iasgach,
bha dùil againn, tha mi 'n dùil,
gun deigheadh an là leinn,
gun cothaicheadh sinn,
gu robh 'n eanchainn 's na slinneanan làidir gu leòr
airson gach gnìomh bha romhainn,
gu robh an saoghal fada.

Bha lunnan ri ar làimh;
a' feitheamh ri lìonadh
chuir sinn na h-uairean seachad
le còmhradh milis na h-òige;
bha a' ghealach ann, mas math mo chuimhne.

Ciad bhliadhna a' chogaidh a bha sin, as t-samhradh,
tha an saoghal fada gun teagamh,
is foighidneach,
tha gach nì ag abachadh 'na thìde fhéin,
's a' lobhadh ás deidh sin,
cha b'fhuilear do dhuine tha dol gu muir
na lunnan a chàireadh air talamh
fhads tha ghealach ris.

Sìtheanan beaga buidhe

Sìtheanan beaga buidhe a bh'ort
's tu fàs anns a' chòinneach
eadar craobhan an fhraoich
anns an dùthaich sin
far 'm bu bhuidhe dhomh t'eòlas.
Chaill mi t'ainm.
Agus chaill mi ainm is ainm
air ioma rud buan
anns a' choille sin
tha losgadh ann an dol-fodha na gréine sa' chuan.

Cuileann is tinsel is soluis

Cuileann is tinsel is soluis,
is Crìosd ann a riochd craoibhe,
Crìosd anns an uinneig?
Crìosd ann a riochd coilich Frangaich,
an t-aran 's am fìon;
is Crìosd ann a riochd leanaibh,
le làraidh is feadag is watch.

Tha mo bhìoball fosgailt air mo bhialaibh,
m'aoibhneas air sgiathan ma mo choinneamh,
eachdraidh 's an t-àm tha làthair is dòchas,
gach gaol air a ruig sinn, gach diachainn,
mo chrann air mo dhà shlinnean
mar a bh'aig gach gineal chaidh romham,
's mo chridhe 'na lasair air an teallach,
a' feitheamh ri bualadh air an innean.

Crìosd ann a seinn nam Beatles,
Moire mhìn ann a riochd Lùlu.

Gaoir a' chiùil

Gaoir a' chiùil fo na cabair sin,
's an danns a' leantainn fada, fad',
an danns an cùl ar claiginn
is an tughadh dol 'na ùir oirnn.

Teann, toinnte 'na shiaman
air a' bheath' againn, tha 'm bruadar,
an gàrradh, an iodhlainn;
an t-ubhal fo'n deud 's an teud briste,
an sgòrnan dearg
's an fhearg rùisgte,
is sinn a' còmhradh ma Eubh fhathast

Ann a Salzburg

Ann a Salzburg
chunna mi coinneal laiste air uaigh
mar nach biodh teas na gréine gu leòr
gu blàths a chumail anns a' chuimhn' ud,
coinneal a' cnàmh ann an glainne dearg.
Agus smaoinich mi air na h-uaighean a bha 'na mo chùram
anns an dùthaich fhuar mu thuath.

Oran brathann

Na seachdainean ud nuair bha fèath ann,
's an talamh air a threabhadh,
an ùir a' fàs brisg le gaoth Earraich,
is beagan de bhlàths anns a' ghréin,
feumaidh gun do thuit sìol
nach do thuig ciall e bhith sa' chiosan.

O tha cuimhn'am
thu bhith faighneachd
man a sud 's man a seo,
's mo fhreagairt a' fàs brais:
dìosgan nan ginealach
a' teicheadh bho chéile,
is dìosgan an dà shaoghail
gam bleith;
cha do thuig mi
gu robh mo chasan a' falbh bhuam,
's chan eil fhios'am a-nis
an do thuig thusa mis'.

Chuir am blàths ud
a chuir an sìol a dh'fhàs
fuachd beag eadarainn:
tha e pàidhte dhomh 'm bliadhna
gun agam a dhol ga iarraidh;
thainig fèath eile,
Earrach ùr,
ùr-fhaighneachd,
car eile dhan a' bhrà.

Dà ìre

Sinn aig dà ìre dhe 'r slighe:
mise toirt sùil air ais
troimh na bliadhnachan dùmhail,
is fóghnaidh an t-sùil,
tha an cridhe air bacan san àm tha làthair;
is thusa toirt sùil air adhart
troimh na bliadhnachan doilleir
's ag iarraidh a bhith a chaoidh mar a thà thu.
Beagan is deich bliadhna fichead eadarainn,
cha lean iad fada ruinn.

Thàine tu thugam ògail

Thàine tu thugam ògail
ann an traoghadh mo thùirse,
sult a' mheallaidh
a' ruagadh gaiseadh seallaidh,
mìnead do chiùil-sa
a' càradh milleadh m'òran
gun fhacal còmhraidh
's do ghealladh
mar thùis
air m'anam.

Mo Mhàthair

An turas mu dheireadh a chunna mi beò thu
bha t'anail air fàs goirid,
thigeadh stad ort
ann am meadhon do sheanchais,
leigeadh tu t'anail
mus tòisicheadh tu a' gàireachdainn,
agus dh'innis thu dhuinn,
facal air an fhacal,
rudan éibhinn a bhathas ag ràdh
ann a leithid seo a thigh-fhaire ann a Leòdhas.

Ged a chunna mi marbh thu
an ath thuras,
tha do chòmhradh 'na mo chluasan,
's do ghàire,
's an cagar –
nan togadh duine e –
sinn a bhi air ar faire.

Nuair a thainig crìoch air do bheatha
thainig i cho glan,
mar gun cuireadh tu snàithlean
fo d'fhiacail,
ga bhriseadh leis an aon sgobadh.

Blas na fala

Bha a' choill' ann
bha an smeur ri sìneadh
bha mi fhìn ann
bha thu fhéin
bha blas na fala air mo bheul
bha fiamh a' ghàir' ann
fiamh a' ghàrraidh ann an Eubh
faite fann air aodann naoidhein
is an t-eagal tighinn 'na shìor-ruith
ás a dhéidh.

Gaol is gràdh

An gaol
geal
gil
a' gal
goile
goil
geilidh
a' gabhail.

An gràdh
ag ràdh
cràdh.

An tobar

1

Tha sùilean air cùl a rainich fhathast
's i air gann tiormachadh
feasgar doilleir, blàth,
tobar,
tobar sìolaidh gu mo ghrùid,
tobar lìonaidh do mo rùin.

Na freumhaichean a' sgaoileadh,
geal is gorm is dearg
'na do shùilean rainich
'na do thobar.

2

Le do fhreumhaichean
fada fo'n talamh,
air chrith le snodhach
no seargt,
tha do làn-fo-thuinn a' toirt mo chasan bhuam
ás ùr an dràsda,
's a' cuimhneachadh dhomh
nach do dh'atharraich nì
ach ainm is aogas.

3

Raineach ma mo mheadhon
ann am meadhon an t-samhraidh,
a' strì ri bruthach,
ga mo riasladh,
a garg suathadh air mo ghàirdeanan,
sgàthan na coille fo m' chasan,
teumadh nathrach
sa' bhruthainn ag at.

4

Faileas an uisge fhathast air a' chloich,
éiteag na bliadhna 'n uiridh,
a' bhòn-uiridh, uirigh air choreigin.
M'ulaidh, m'usgar ann an tuam,
le do chuisleanan còrcuir,
le do shlabhraidhean criostail
a' buannachd air mo chridhe.

5

'Na mo chrùban aig dorus na tobrach,
taiseachd an t-saoghail bho chian
'na tùis air mo bhilean,
ath-thilleadh an uillt
air a sgòrnan thioram,
dathan ag éirigh ás a sgàirneach.

An leac fhuar fo mo ghlùin,
's do ghuth a' tighinn ás an eadar-sholus:
"Fàg na tha sin fo na leacan".

6

Doilleir
troimh'n taiseachd
far a bheil corra luibh a' greimeachadh ris na clachan,
a' sanais anns an t-sàmhachd,
fionnar air clàr m'aodainn
dh'fhairich mi na builgeanan
a' tighinn an àird troimh'n uisge
's a' briseadh.

7

Air mo ghiùlan ann an cearcall
gu iomall eòlais
tha mi nis a' bualadh
anns a' bhalla
ás na thuit
a' chlach
bho'n dàinig an cearcall.

Rasgan feòir ort
is moileanan fraoich,
is a' chlach 'na do theis-mheadhon.
Mi 'n dùil an toiseach ri gràdh
no tròcair
no aoibhneas,
ach cha robh fuil
ann an cridhe na tobrach.

Thuirt iad rium gu robh bùrn-éirigh fo'n a' chreig
's mi ann an tìr na gréine;
bha solus geal ann
gun sgàile,
agus chuimhnich mi air an t-srùp
ri taobh an làin,
's air an àile
bharr uachdar na mara,
's air blas an t-sàile.

Ag iarraidh fo'n an talamh
far a bheil na freumhagan sin gar slaodadh
's na feòragan 'nan tigh-geamhraidh,
a chionn gu bheil Mercury 'na dubhfhacal fhathast
is Bhénus air sgur a phriobadh,
's na speuran duilich an cothachadh.

A' lorg, 's a' leth-chuimhneachadh,
's a' tilleadh falamh –
bha ceò ann gun teagamh,
is ciùthranaich mhìn air d'aodann –
thill mi ma dheireadh air latha grianach;
mo ghlùin 's mo làmhan air an lic,
m'aodann ri d'aodann
shaoil mi 'n toiseach,

ach dh'fhàs mo shùil cleachdte ris an dorch,
's chan fhaca mi ach faileas anns an uisge.

12

Tha mi nis air ais air an t-slabhraidh,
cùirnean is gath gréine a' tighinn troimhe
le sithidhean orainds is purpuir,
criostal a' fàs anns an fhuachd,
anns an taiseachd,
ceangailt is cugallach,
cearcall
ag at air là bruthainneach,
raineach a' sgaoileadh shìos agus shuas,
builgean ag iarraidh gu cridhe na tobrach.

English Versions of Twenty Poems

'Who are the Scots?'

The Spring cold
penetrated our old bones,
our knuckles reddened
and our hands shook a little,
and not knowing why
we began to talk about our youth,
about the hunting we did that autumn,
the reel we danced beneath the harvest moon,
the velvet cloth
and the hard grip we had
before this pneumonia
gripped our lungs.

Turning the beads
on the old velvet
with shaky hands,
the blood thinning,
taking a pride in enamel.

Oil

When I was a boy
an old man used to come to my grandfather's shop
every lawful day, for a bottle of oil:
one of the wise virgins perhaps –
a virgin in any case, I dare say –
who kept the lamp-wick wet;
a jolly old man, ready to laugh,
but a little afraid of the dark.

They say now that we have an eternity of oil
in this little land –
this toty, flabby land? –
that we are afloat on a lake of oil.
I hope the wick can reach it.

Blood

Walking in the dusk here
in the pock-marked streets,
half-turned from the half-empty houses
where people are watching TV,
drawn by the light through the narrow windows,
walking through the shadows
through the storm that breaks
on the aerials of the houses,
through the disappointment
and the broken promises
on the smashed hearths,
I saw blood on the wall.

But I was afraid
that it was not Christ's blood,
nor the blood of the Jew defending Jerusalem,
nor the blood of childbirth in new life's full flood.

A Scottish story

(This poem concentrates on the spider rather than on Bruce. One of
the names in Gaelic for a spider is "a poke of salt")

The Poke-of-salt was weary,
all day trying to stand upright
with no backbone in him;
and all day yesterday
selling himself as sugar
but with no takers;
the day before
pretending he was barley,
saying if he were soaked in water
he would save the country
with all the duty he would earn;
the previous day
he became a policeman

at the House of Commons,
and saw many an ass
soaked there –
that was what gave him the idea
of turning himself into barley;
tomorrow he would enlist in the Army,
and subjugate Ireland,
and Wales too if need were,
as Colin Mitchell did in Aden;
but if that were not enough
the next day, if he were spared,
he would go on his knees
to lick the boots that were trampling him;
and then would come the seventh day,
the Poke-of-salt's day.

Thistle of Scotland

The thistle grows in a garden,
black loam around it,
well cared for,
the soil weeded,
beside it, the lawn grass
neatly cut;
and it standing there
in its Sunday clothes, so neat,
tidy, erect,
bending neither this way nor that,
not annoying other flowers,
the little prickles as polite
as the H.L.I. on parade.
I did not expect a strong scent
from a thistle flower, but went over
to enquire, as it were,
and bent my head,
and there impinged on my nostrils
the scent of *Old Spice*.

But I could swear
there are still thistles growing
among rocks,
with the scent of the wind off them.
I am going to look for them.

Warrior

In another age
you might have been a 'warrior of Mull',
John MacLean;
the history of your people flung you
into a new battle:
the Gael's exultant cry
coming from the chest of the Lowlands;
if only the flame lasted
it would write 'Freedom' on Scotland's sky yet.

Spring '74

(The year of the General Election . . . with hindsight, Two General
Elections)

There's a sprinkling of lime this Spring
on the brown earth,
the land's breast weary
with suffocating snow,
"Grey castles reinforced with iron bars",
but a sprinkling of lime now.
Though the grass is matted,
last year's dead mantle,
there is life in the soil,
quicklime that will shake us yet.

The eagle

1

No, it wasn't that you had talons
that left a mark on my face
but rather that you exalted me
above the mountains of my world,
among the gods,
and that I saw the bones.
A bare slabbed face
with eternal claw-marks on it,
one eye kindly, the other angry.

2

The Romans in Scotland

Far below you in the glen,
twisting, questing,
far from the lion's roar,
the dust and heat,
the sun ripening the grapes,
from baths with blue soft-tinctured tiles
cool underfoot,
far from their own gods.

Eagle and eagle pennant.

3

An eye unturning, unwinking,
bleak, cold as a stone,
eye from the world's summit
looking out into space,
and a beak bent like a hook
sinking into flesh,
heart's blood circulating in the lower half
but talons and wings
controlled by the stone of the eye.

4

A bleak slabbed eye
at the nest's rim,
summit eye,
scree eye,
an eye for rushing to battle's brim.

5

Pulsing
of the great wings
above the prey
on the stone altar,
the blood of the sacrifice
turning the gneiss to marble:
a priest, a godless minister.

6

"It is good to have a touch of the eagle in us
though the lamb's lot is better,
authority is good
though it is good for the soul to submit,
it is good to take wing
though comfortable to be in a fold" –
that at any rate is what the eagle-priest said
reading holy writ from the book of stone.

7

"Since I am your new landlord
and have been schooled on that mountain
you will pay me respect when I say to you
that everything belongs to me
under and over the roost,
and on each side of the yard's walls,
and remember, there are slippery flags
at my own house
when you come to visit" –
said the chief eagle to the poultry.

8

"When the oil comes
they'll all go in for tinned food,
they will stop rearing lambs,
will go soft,
all they'll ask for is an easy time,
drink and women.
The Cause will be at a low ebb
in the Land of the Gospel," –
said the eagle-minister of the Little Nest.

And the eagle-minister of the Big Nest said
"Have no fear,
after that whoring there will come an Awakening."

9

When they returned the eagle to Parliament
the ducks started laughing,
for he had no common language with their likes
who had got where they were with votes
passed hereditarily from grandpa to grandson,
and they really believed he couldn't keep going,
a hook-beaked bastard that couldn't swim,
and couldn't live in the warm moistness of the mud,
and so one day the Head-duck said,
giving its tail a shake with its bottom,
"Fold plunderer and dirty bloody-claw,
who snatches our food away in your beak to the high pass,
now that we've kept the guns away from your hills
you want the ducks to be kept out as well."
And all the eagle said was "You've got me wrong;
I never asked you to part from your own pong."

10

"If you have any sense
you'll keep on neighing
as you've always done from the beginning,
though you're growing thin on the ground.

Barking like dogs won't suit you so well,"
said the eagle to the horses that were grazing in the television park.

II

"Before the foundations were laid, of the . . .
before there were laid . . ."
the eagle said at the start of his sermon,
but a doubt came over
the sunken eyes
when they rested on the slabs.

12

When the nest is empty,
when the flags are speckled,
the feathers strewn in a mess,
when coldness comes over the cold eyes,
when the wily talons lose their grip,
when the strong wings grow fearful,
when the soft mouth of night closes its beak
and the eagle-priest says his *pater noster*,
the prophesied strength
will return to the eagle of the wilds.

The plough/cross/mast/lot/harp-key/Saltire etc.

I

A plough in my country's soil
steel in the stubble
sock in the meadow
green wave turning to black foam
on this new shore,
a new share.

It must go deep,
under the docken,
through the rushes,
green and white and black
entwined and interlaced
in the delving,
in the bow,
in the red furrow.

The arms must be tough.

2

The plough has land/The harp-key has a tune,
my country's harp has many tunes,
it had a many-layered tune
before it was smashed.
The fingers must be strong,
and loving,
there's a black scab on my country's skin.

There's a swelling under my country's skin;
scourging cannot, plaster may not,
the lance won't make my darling well
till the bed of birth is full.

3

Under the withered stubble
under the rotted wall
under the house in decay
under the knotted roots
under the twisted mind
under the stubborn heart
thrust the plough in.

4

A furrow through heather and rushes,
furrow on the brown shoulder of the hill,
my country's side has many wounds

that pine trees will never hide,
the chess army with tortuous moves
will not play hide-and-seek in the morning.

There are black scabs on the towns' surface
that dusty bulldozers cannot smooth,
wounds that a skin of tar can't heal;
unless the blood itself has been cleaned
the boil will keep coming again.

We'll get sulphur in the Spring,
and make a bonfire for ourselves,
on the hills and in the streets,
in Glasgow and in Eigg also,
and the grass will show through again.

5
After the plough the harrow,
after the harrow the new life,
the friable soil melting,
forming a new lump
under the sun's rays,
rising,
swelling with a rush from the veins.

I remember you
rope on shoulder pulling a harrow,
since horses were scarce
and dear.
Taking each day as it came.

Especially glad to see a whole year through
from seed to stack,
but now,
after the King of Egypt's dream,
we must set our sights on the corn ripening
a long time ahead,
and other scythes reaping it.

6

"Envy makes good ploughing" –
it must have abandoned
our parish,
none of the crofts are worked this year.

7

Envy will not,
grudging won't,
slanging can't prepare the ground.
"I myself",
"My own clan",
"My class" are bandages, I've found.
Neither priest
nor presbyter
nor church can say for us the creed.
New boats will not,
nor will looms,
oil won't give us what we need,
till a new redeemer comes –
Sir Harpsichord MacGillybums?

8

When we run the Saltire up
the Union Jack will get a bump,
when the north wind makes it flutter
Jack's old flaps will sound like butter,
and Jack's cheeks will blush right red
when the Saltire's brandished at his head,
when we see the cross on the flag-tree
we shall make a band with our land to be free.

9

Our own cross on our shoulder-blades,
the support of the wood at our back,
there are no two ways about it
if there's any way out of our loss.

Nothing for it but climb the hill
towards peace still,
nothing for it but drink the wine
even though it is all
vinegar,
Peter cannot
nor can Paul
protect us
or give to our life what it lacks
unless our backs
and shoulder-blades are carrying the cross.

St. Kildan congregation

The fulmars are on Stac an Armainn,
living in comradeship,
their eggs keep their hold on the rock,
dancers on tip-toe,
and eternity wells up
at the foot of the rock-cliffs.

The solan on Soay
fondles the gannet's throat,
its eye stares straight into space,
its beak teaches the Parables,
each one is on its own nest.

And the puffins are at the edge of the rock-ledge
in their white surplices,
with their coloured beaks;
I've heard, but don't know whether to believe it,
they're Episcopalians. Well, take it or leave it.

Lewis in summer

The atmosphere as clear, translucent
as though the veil had been rent
and the Creator were sitting, in His people's view,
at potatoes and herring,
with no one to whom He could say a grace.
Probably there's no atmosphere in the world
that offers so little resistance to people
to look in at Eternity;
there's no need for philosophy
where you can make do with binoculars.

Crossing the Bràighe

Crossing the Bràighe* I lost the moon;
I didn't let on,
someone could see it,
a man in Belfast perhaps,
who needed it more than I did;
but we stand in need of light here too,
for taking home the peats,
and for making the road bright
for a man who's been on the spree,
and ... maybe ...
for recognising a man
on the road to Emaus,
or Damascus,
or Garrabost.

*An isthmus half-way between Stornoway and Garrabost in the Island of Lewis.

On the ferry to Lewis

Half-recognising each by his kin,
a knowing-without-remembering,
and a remembering-without-knowing.
The understanding pitching.
This sea is grey-
filamented, no life
slithers any more from the shores,
the protoplasm
has no shape.

The second island

When we reached the island
it was evening
and we were at peace,
the sun lying down
under the sea's quilt
and the dream beginning anew.

But in the morning
we tossed the cover aside
and in that white light
saw a loch in the island,
and an island in the loch,
and we recognised
that the dream had moved away from us again.

The stepping-stones are chancy
to the second island,
the stone totters
that guards the berries,
the rowan withers,
we have lost now the scent of the honeysuckle.

The journey

1

At the door of the *Caley*
He met me
and asked me
if I was seeking for health.
Yes, many healths.

And at the door of the *Crown*
I heard the Devil at my shoulder
saying "Pass this by",
but I did not listen to the Devil.

At the door of the *Star*
I saw a vision of Bethlehem
and I closed my eyes.

At the door of the *Carlton*
I did not deny my love for you

At the door of the *Club*.

2

That night in Ibrox,
the lights dun-yellow on the stair,
the pipe-clay not quite dry,
after the pubs had skailed
I remembered a girl I had
in Singapore –
she wasn't a lucky omen.

3

Red, red is my life's blood,
that's the blood that's full of health,
when the brimming bottle lies
on my gullet in the morning
then I feel I've found grace,
red, red is the bottle's blood
on my veins, the blood I love.

Blood of the cross, blood of the cross,
blood from the lungs on the cross,
black, black is the lung's blood,
black the morning on the mount.
Stamp red, stamp red,
stamp on my fickle heart,
Thou who madst wine of water,
make water of wine now.

4

The grub that consumes the flesh
swells, as the grub
that attacks the heart of the apple,
the heart that picks at the bones,
the grub at the tree's base
in the old garden.

5

A continual tapping in my head
though it's ten years since I left the yard.
If I climb to the top of that crane,
on the highest branch
I shall reach the apple,
and when I fall
this tapping will stop;
God will pluck it out of me at a bite.

6

"My dear, I never touch it,
I never take a drop."

When I'm on my own
I like to have a dram;
nobody can see
the glass is to the brim.
When I'm on my own
I like to have a dram.

7

When you said for ever more
we little knew where deceit lay,
we didn't think at all of the day
that love would sleep and bliss be a bore.

When I said till Doom,
that wasn't the judgement I had in mind,
I didn't think *that* fate was fated for us.

When we said for everlasting
we didn't notice that our church was falling in
and that God was past it.

8

Returning to Lewis,
my heart full with pleasure,
I thought of that first sight
of the Shiant Islands,
Park and Kebbock Head appearing,
and the mouth of Loch Ranish,
Point and the Castle Grounds,
but I missed them in the Bar,
I was so full of joy.

That week at home
there was no time to get sober,
I was plastered from dawn to dusk –
I never saw the Barvas Hills this time –
I was as happy as a dog on its own dump.

And the day I left,
what homesickness!
I took a burst in the Royal,
and if I got aboard I must have slept;
didn't know what to say
when Ullapool Pier came in sight.

Lord God
when will I see you again, Mount Sion?

9

Before this rough paper grew on my fingers
I could read the tiny signals
on a Spring morning,
and on the margins of conversation;
I need a bolder braille.

10

Wishing only to keep going round in circles,
coming back to the same spot,
sniffing at that fragment of my history,
as though I were a dog
drawn to its own vomit.

11

Waking in the morning,
a red grub in my gullet,
I sent for the doctor –
the thing had got beyond me.

He came.
He wore light-coloured clothes and sandshoes,
had a loud harsh voice
and carried *The Songs of John MacCodrum* in his oxter.

And I said to him as quietly as I could:
"Would you take that grub out of my gullet
before inflammation starts" –
I thought a man of skill would understand.

All he said was
"The grub is not in your gullet,"
and he began to read from his book
(*. . . the head is their third foot,
full of swellings and lumps,
each member that they have
stealing their strength from them unawares . . .*)

"Cut that out," I said,
"It *is* in my gullet,
and I know where it came from,
from the apple at the top of the stairs . . .,"
but to tell the truth I couldn't remember
whether it was a stair at Fairfields,
or in Ibrox, or Singapore.
One thing I knew for certain
it wasn't in Lewis,
for we didn't have a stair.

God! What's the good of talking to a doctor,
I might as well send for the priest.

12

And if I'm not mistaken
the priest came too,
and offered me extreme unction;
an Irishman he was, but English-speaking;
I heard him mention "wafer"
and said to him – God! What heat! –
"Forget it, it's ice-cream I want."

13

The wind is rising;
if only it lifted me from here
I'd sail over the Clyde,
over Lewis and Iceland,
on the air currents;
I'd be happy enough out there
orbiting the earth,
and bawling at them now and then
to observe the Sabbath
and to be mindful of Me here.

14

The roads walking to the sea,
and the hills twisting round the houses,
a little summer haze
and the seaweed bubbling at high tide,
the Creator in the meeting-house tonight –
the faith whole.

With whom is He meeting?

Before the grass began to swell
at the joints,
before the boil appeared
on the docken stem,
before the tumour swelled
on the tangle,
we were together in the meeting-house,
and said grace at the table.

Where is the Lord's table now?

Before peace was declared,
before the swords were turned into knives and forks,
before they made a *bothan* out of the destroyer,
before they gave me this cup to drink,
You were there.

But are You there now?

At Garry

October 1st on Garry Shore –
I did not expect to see red and green
in the living rock,
nor a feather dancing on the sand:
how fortunate we don't understand
ourselves.

In Salzburg

In Salzburg
I saw a lighted candle on a grave,
as though the heat of the sun were not enough
to keep warmth in that memory.
A candle burning down in a red glass.
And I thought of the graves that I had a care of
in the cold country to the north.

Quern-song

These weeks when there was a calm,
the ground ploughed,
the soil made friable by Spring winds,
and a little warmth in the sun,
some seed must have fallen
though the rational mind did not know it was in the skep.

O, I remember
that you asked
about this and that,
and that my answers grew short:
the grinding of the generations
moving apart,
and the grinding of two worlds
in friction;
I did not know
that my feet were losing their grip,
and I'm not sure now
that you understood me.

That warmth
that made the seed grow
brought a little coldness between us:
it was repaid to me this year –

I did not have to look for it;
another calm came,
a new Spring,
new seeking,
another turn of the quern.

My Mother

The last time I saw you alive
you had become short of breath,
you would stop
in the middle of what you had to say,
take a breath
before you began to laugh,
and you told us,
word for word,
amusing things folk said
at such-and-such a wake in Lewis.

Though you were dead
when next I saw you,
I still hear your talk
and laughter,
and the whisper –
if one could hear it –
bidding us be watchful.

When the end of your life came
it was a clean break,
as though you were to place a thread
under your tooth,
snapping it at a bite.

A taste of blood

There was the wood
the bramble spreading
I was there
and so were you
a taste of blood on my lips
a smile
Eve with a hint of the Garden
a fleeting smile on an infant's face
and fear coming crowding
in its wake.